AF509312

UNIVERSITÉ DE FRANCE.

ACADÉMIE DE STRASBOURG.

THÈSE
POUR LA LICENCE,

PRÉSENTÉE

À LA FACULTÉ DE DROIT DE STRASBOURG

ET SOUTENUE PUBLIQUEMENT

le Samedi 20 Décembre 1851, à midi,

PAR

CHARLES-FRÉDÉRIC SPIELMANN,

de Strasbourg (Bas-Rhin).

STRASBOURG,

DE L'IMPRIMERIE D'ÉDOUARD HUDER, RUE DES VEAUX, 27.

1851.

A MON PÈRE.

CH. F. SPIELMANN.

FACULTÉ DE DROIT DE STRASBOURG.

MM. **Rauter** ❋ . . . . . doyen et professeur de procédure civile et de
législation criminelle.
Hepp ❋ . . . . . . professeur de Droit des gens.
Heimburger . . . . professeur de Droit romain.
Thieriet ❋. . . . . professeur de Droit commercial.
Aubry ❋. . . . . . professeur de Droit civil français.
Schützenberger ❋ . professeur de Droit administratif.
Rau ❋ . . . . professeur de Droit civil français.
Eschbach . . . . . professeur de Droit civil français.

Bloechel ❋. . . . . professeur honoraire.

Destrais. . . . . . professeur suppléant.
Luquiau . . . . . . professeur suppléant.

Bécourt . . . . secrétaire, agent comptable.

MM. **Aubry**, président de la thèse.

Aubry,
Rau,
Schützenberger,
Destrais,
} examinateurs.

JUS ROMANUM.

DE JURE DOTIUM.

Conjunctio maris feminæque ac consortium per totum vitæ curriculum divino et humano jure conjunctorum nuptiæ appellantur.

Nuptiæ autem apud Romanos conficiebantur prisca lege per confarreationem, per coemptionem vel per usum, et filiæfamilias in matrimonium ductæ, omnem, qua usæ sunt, fortunam, maritis suis dono dabant.

Temporibus dein ulterioribus, parentes ad nuptias filiarum assentientes, diversa iis munera ad commeatum novæ familiæ sustinendum dabant, auctoritas autem mariti in his bonis erat plena nec limitibus circumscripta, usque ad Justiniani tempora, qui, prisca lege sublata, in mulierum beneficium quædam jura conferens, uxoris conditionem meliorem fecit; nihilominus non fuit prohibitum, quin mulier marito totam suam fortunam pro dote daret.

Quapropter fortuna uxoris in duas dividebatur species, quarum una dotalis, altera extradotalis vel parapherna reputabatur.

§ 1. *Definitio dotis.*

Dos est cumulata bonorum complexio quæ a muliere vel ejus no-mine marito afferentur, ad sustinenda matrimonii onera.

Omnia autem bona, quæ nubens mulier possidet aut accipit, igi-tur non sunt dotalia, sed solummodo ea bona, quæ maritus a paren-tibus, vel ab extraneis, vel ab uxore ex propriis accipit; civitatis enim interest, mulierum dotes salvas haberi, quarum ope nubere possunt.

Dotis donatio aut antecedit aut sequitur nuptias; nuptialia igitur dona, vel ante vel post earum celebrationem dari possunt (Jul. Paul. recept. sentent., lib. II, 21).

Maritus habebat fundi dotalis jus usque ad finem matrimonii, quo extincto fundus dotalis reddendus erat.

Erat etiam quibusdam personis lege prohibitum, quin matrimo-nia contraherent, et si ea illegaliter contraxerint, nec nuptiæ, nec matrimonia, nec dotes sub judice cognoscebantur et nulla habebantur (§ 12, J. I, 10).

Sunt dotes propter nuptias et sine nuptiis nulla dos intelligitur; sine dote autem nuptiæ possunt celebrari. Dos non potest esse sine matrimonio, sed matrimonium sine dote esse potest; consensus enim nuptias facit, non dos (fr. 3, D. XXIII, 3).

§ 2. *De constitutione dotis.*

In constitutione dotis, conditio nuptiarum conficiendarum semper subauditur; nec potest cogitari dos, promisso matrimonio non per-petrato: ergo ubi non matrimonium, ibi non dos.

Dotem aut mulier ipsa sibi constituit, aut pater ejus, aut quivis alius.

Pater et avus paternus in constituendam dotem lege Julia cogeban-
tur, qui tum eandem dare noluissent, mater ad dotem constituendam obligari non potuit, nisi gravi causa, aut lege specialiter expressa,
exempli gratia cum, egente patre, uxor divitiis abundaret. Imo vero
pater adoptivus etiam ad filias dotantes tenebatur; patris enim est,
dotem dare (fr. 5, D. XXIII, 3).

Ipsa autem mulier, ut ex suis bonis dotem inferat, nisi ex promisso, cogi plerumque nequit.

Si pater filiæ nomine dotem promiserit et eam ante nuptias eman-
cipaverit, non resolvitur promissio; et cum ante nuptias pater dece-
derit, hæredes ejus promissis stare obligati erant.

Ipsum autem dotis constituendæ modum ac rationem ad tres olim
Romani formas revocare consueti erant : aut dari dotem, aut dici aut
promitti præcipientes.

Dari dos dicebatur' si præsens offeretur marito, idque plerumque
fiebat eo ritu, ut pecunia illa dotalis consignata pridie nuptiarum apud
auspices deponeretur, in crastino nuptiarum viro tradenda.

Dos promittebatur interposita stipulatione, dummodo aliquis respon-
deret et stipulatum promitteret.

Dos dicebatur verbis solemnibus sine nulla interrogatione, marito
accepiente; videtur ergo hæc dictio in eo constituisse, ut dotem dic-
turus summam nominaret, et sponsus eandem, stipulatione haut interposita, acciperet; licebat dotem dicere mulieri nupturæ, aut debitori mulieris, si jussus ejus sese dixisset institutus. Scilicet parentes
mulieris virilis sexus, per virilum sexum cognatione juncti, sicuti pater,
avi paterni. Dare, promittere omnes potuerunt, etiamsi nulla propin-
quitate juncti; ipsa vero mulier nihil in his potuit, sine auctoritate
tutorum (Heinecc., Ant. Rom., lib. II, tit. VIII).

Re ipsa enim et facto constituitur dos, vel sola voluntatis profes-
sione. Re ipsa his modis : et jus aliquod repudiando, et corporales res
in dotem dando et usufructum transferendo et dotem solvendo ei, cui
maritus vel pater ejus solvere jusserint. Solebat dotem per accep-

tilationem constitui; tamen si ante matrimonium acceptilatio fuerit interposita, nec nuptiæ secutæ, matrimonii causa acceptilatio interposita nulla est et ideo jus loco manebat obligatio; eadem ratione dos constituebatur, cum debitori marito acceptum tulebatur dotis constituendæ causa.

Promittendo dotem, omnes obligabantur cujuscumque sexus conditionisque fuissent.

1) Jus novem supplevit dictionem simplice dotis pollicitatione : nec promissione nec dictione opus est; dotem constitui per testamentum etiam licet.

2) Ad exactionem, dotis, quam semel præstari placuerit, qualiacumque sufficere verba censitur, sive scripta fuerint, sive non, etiamsi stipulatio in pollicitatione rerum dotalium minime fuerit subsecuta.

Si quis dotem pollicitus sit, vel spoponderit pro qualibet mulieri, quacum matrimonium licitum sit, omnimodo compellari debet, ut suam confessionem adimpleat; feriendum non est, nisi casu fortuito interveniente, mulierem indotatam esse, et propter hoc a viro repelli et distrahi matrimonium ; nam si spontanea voluntate ab initio liberalitatem suam ostenderit, suis promissis oportet satisfacere, et ab initio sponte scriptum, aut in pollicitatione deductum, ab invitis postea compleatur.

Quæ a patre proficiscetur dos, vel pro patre datur, profectitia dicitur, sive in patris potestate constituta sit mulier, sive emancipata ; quæ aliunde advenit marito, vocatur adventitia dos.

Secundum jus antiquum, mortua in matrimonio muliere, profectitia dos ad patrem revertebatur, scilicet quintis in singulos liberos in infinitum relictis, penes virum; quodsi pater non erat, apud maritum remanebat (Ulpien, VI, 4).

Adventitia dos utique remanebat apud virum, præterquam si is qui dedit, ut sibi redderetur stipulatus fuit, quæ dos specialiter receptitia vocabatur.

Divortio facto, tum vero etiam mariti morte matrimonio soluto,

dos sive profectitia, sive adventitia, plerumque uxoris erat, præterquam quod pater, cujus in potestate uxor esset, filiæ adjuncta persona
rei uxoriæ habebat actionem.

Jure novo Justiniani, in matrimonio mortua muliere, dos non in
lucrum cedat, sed reddatur mulieris hæredibus, secundum stipula-
tionem; solatium enim est patri, ut dos ab ipso profecta ei reddatur,
ne filiæ amissæ et pecuniæ damnum sentiret; profectitiam vero repetunt pater, et post hunc, hæredes mulieris.

Quodsi, viva illa, matrimonium solutum est, utramque dotem et
profectitiam et adventitiam mulier sui juris facta sola repetet, et in
potestate patris constituta, non fere nisi cum patre, isque dotem, quæ
patri et filiæ communis esse dicitur, servare mulieri necesse habet.
Ex conventione repetunt dotem : extraneus, qui dotem ab ipso pro-
fectam sibi quandoque reddi pactus fuerit, præterea pater, qui ad
ipsum dos ut reverteretur, legitimo modo caverit, denique hi, ad quos
aut ascendentium conventionibus, aut eorum delegatione, vel lege vel
conventione dos redire possit, rite provisum est.

§ 3. *De pactis dotalibus.*

Pacta sive instrumenta dotalia seu nuptialia ea vocantur, quæ de
juribus ex matrimonio oriundis et vel maxime de jure dotium ineuntur.

Pacta autem oportet esse in omnibus suis conditionibus secundum
bonam fidem, mores nec non jus publicum.

Licet pacisci post nuptias, etiam si nihil antea conventum sit (fr.
1, D. XXIII, 4).

Pacta de reddenda dote inter omnes fieri oportet qui recuperare
dotem velint et a quibus ea repeti possit.

In pactis conventis quæ ante nuptias vel post nuptias interponi so-
lent, alia ad voluntatem pertinent : ut mulier dote promissa se alat,
et donec nupta sit, dos ab ea non petatur, aut certam summam viro

præstet, et his similia; alia ad jus pertinent, veluti quando dos petatur, quemadmodum reddatur, in quibus non semper voluntas contrahentium servatur, ut quia pacta ejus modi intercedunt in iis quæ
civili jure finita sunt. De die reddendæ dotis hoc juris est, ut liceat
pacisci, quo die reddatur, dum ne mulieris conditio deterior fiat;
id est, ut citius quam soleat, dos mulieri reddatur.

Cum mulier pacta sit, ut præsenti die dos redderetur, deinde ut
tempore ei legibus dato dos reddatur, pactum valet, nam incipiet dos
dos redire ad jus suum : nec dici poterit, deteriorem conditionem
fieri pacto; quotiens enim ad jus quod lex naturæ ejus tribuit, de dote
actio redit: non fit causa dotis deterior, sed formæ redditur (fr. 27,
D. II, 14).

Jam vero quod ad formam attinet, qua perficiendæ sunt hujusmodi
conventiones, secundum jus Romanum novissimum, ut actio ex iis
nascatur, nudus consensus sufficit, certe quatenus de dote vel præstanda vel restituenda agitur; nonnunquam tamen ut rite ineantur
nuptialia pacta, scriptura opus est.

§ 4. *De pactis dotalibus lege prohibitis.*

Omnia pacta, quæ contra honestatem et jus publicum militant, non
valent. Exempli gratia non conveniri potest, ne de moribus agatur,
vel plus vel minus exigatur; ne publica coërcitio privata collatione
tollatur, neque illa quidem pacta servanda sunt, quæ ob res donatas
vel amotas agant : quia altero pacto ad furendum mulieres invitantur,
altero jus civile expugnatur.

Et si convenerit ob impensas necessarias, in conventis non manendum est : quia tales impensæ dotem ipso jure minuunt.

Pactum, quo aliquis ad delinquendum invitetur, non valet; neque
maritus pacisci potest, ut dolum solummodo in dotem præstet: videlicet propter utilitatem nubentium : quamvis pacisci potest, ne sit pe-

riculo ejus nomen debitoris, qui ipsi dotem promisit, nam et ut sit dos periculo mulieris, pacisci esse probat, et per contrarium : ut ei dos quæ periculo mulieris est, sit periculo mariti.

Manente matrimonio non potest inter virum et uxorem conveniri, ut longiore die dos reddatur: nam pacto dotis restitutio differe non potest ultra tempus a legibus finitum.

Pacisci non licet, ne maritus in id quod facere potuerit, condemnetur, sed in solidum; videtur enim id esse contra reverentiam marito exhibendam; idem dicendum est in omnibus hujusmodi pactis.

Non valent pacta, quibus de hereditate futura cavetur, quippe quæ bonis moribus contraria sunt.

Si pactum est, ut priore defuncta uxore, dos profectitia apud virum remaneat, si modo a patre profecta est, pactum servandum est, et pater eam non petere potest; prohibitum enim non est quin pacto dotis causa deteriora fiat, præsertim ubi ad eum solum ejus repetitio pertinet.

DROIT CIVIL FRANÇAIS.

DU CONTRAT DE MARIAGE

EN GÉNÉRAL.

(Code civil, art. 1387 — 1398.)

INTRODUCTION.

L'acte par lequel l'homme et la femme s'unissent par mariage, a été considéré, à toute époque, comme un des plus importants, un des plus solennels dans l'ordre naturel et dans l'ordre civil. Depuis les temps les plus reculés de l'histoire, les peuples en ont reconnu toute la gravité, toute la sainteté, et ont appelé la religion à le consacrer.

La procréation des enfants et leur éducation constituant un des buts principaux du mariage, il se trouve être le premier lien social, en formant la souche des familles et des races, qui, elles-mêmes, donnent naissance aux États et les consolident par leur propagation.

De ce premier contrat, qui traite essentiellement de l'union des personnes, des droits et devoirs respectifs qui en résultent, devaient nécessairement dériver certaines conventions, ayant pour objet spécial les intérêts pécuniaires des contractants, c'est-à-dire les droits de propriété ou de jouissance qu'ils entendaient se réserver, en se mariant, soit sur les biens qu'ils possédaient au moment du mariage, soit sur ceux qu'ils pouvaient acquérir par la suite, du fruit de leurs économies, ou qui devaient leur écheoir par succession, donation ou de quelqu'autre manière que ce fût.

Si l'on considère de quelle importance sont les intérêts pécuniaires dans les unions matrimoniales, on n'a pas lieu de s'étonner des soins donnés de tous temps aux conventions ayant pour objet de régler, quant à leur fortune, la position des époux. En effet, les pactes de cette espèce devaient assurer la paix et la concorde dans la famille ; ils conciliaient autant que possible le droit d'autorité et de puissance du mari avec la protection et les garanties dues à la femme. Par ces conventions, on convenait du sort de l'époux survivant, en cas de dissolution de mariage, par la mort de l'un ou l'autre des conjoints, et des avantages que les héritiers du prédécédé pouvaient retirer de sa succession. Par ces conventions enfin, les époux exprimaient leurs volontés, quant à tout ce qui avait rapport à leurs droits de propriété et de jouissance sur leur fortune présente et à venir pendant et après mariage.

Telle est la source du contrat de mariage ; il résulte nécessairement de toute union matrimoniale, soit expressément, soit tacitement.

Néanmoins, le mariage peut toujours exister sans société de biens entre époux. Il en est entièrement indépendant. Les époux sont bien liés par mariage d'une manière indissoluble, mais ils n'en forment pas moins deux personnes tout à fait distinctes, ayant chacune ses intérêts privés.

Les conventions matrimoniales ont pris leur source dans les mœurs et usages des différents peuples qui se partageaient, dans les premiers temps, le territoire de la France. Elles changeaient de nature ou variaient selon les régions et la situation politique du pays.

C'est dans les contrées du Nord, habitées par les peuples d'origine germanique, que nous devons rechercher le berceau de la communauté, qui forme le droit commun actuel en France.

S.   2

Suivant les usages existant avant la monarchie même, les biens meubles de la femme devenaient la propriété du mari, qui administrait aussi les biens immeubles de cette dernière, à moins de stipulation contraire. Les immeubles acquis pendant la durée du mariage, par l'un ou l'autre des époux, autrement que par succession, étaient aussi censés appartenir au mari. Lors de la dissolution du mariage, le fonds commun, composé du mobilier des deux époux, et des immeubles mentionnés en dernier lieu, était partagé par moitié entre l'époux survivant et les héritiers directs ou collatéraux du conjoint prédécédé. Cette société résultait de l'autorité maritale sur la personne et les biens de la femme.

Dans les pays germaniques, la femme s'unissait au mari dans un même but, celui de créer un fonds commun, d'augmenter, du fruit de leurs économies, leur fortune à tous deux. La femme était donc dans la véritable condition de l'épouse, car elle travaillait de concert avec le mari, et veillait aux intérêts de la famille.

Les Gaules, après la conquête de César, ne furent assujetties que par degrés aux lois politiques et civiles que les Romains y introduirent.

Dans les premiers temps, la femme conservait, en se mariant, la propriété, la jouissance et l'administration de ses biens, à moins qu'elle ne cédât à son mari, par des conventions spéciales, des droits sur ces mêmes biens, concernant soit leur administration, soit l'emploi de leurs revenus pour l'entretien de la famille; certaines formalités devaient être remplies dans ce but, telles que la vente fictive et autres. On les abandonna peu à peu, et l'usage des dots s'établit généralement.

La femme apportait en mariage certains biens, dont le mari demeurait maître et seigneur pendant la durée de leur union, à la condition de ne pouvoir les aliéner, et de les restituer lors de la dissolution du mariage. Jusqu'à cette époque, la femme perdait toute espèce de droit à leur égard. Les revenus de ces biens contribuaient soit aux besoins du ménage , soit à l'éducation des enfants. La femme conservait la libre disposition de tous les biens autres que ceux qu'elle avait apportés en dot à son mari ; ces biens étaient nommés paraphernaux.

Ainsi, loin de concourir à créer un fonds commun, la femme soumise au régime dotal ne faisait que contribuer aux dépenses communes, et profitait , pendant la durée du mariage seulement, de la prospérité de son époux, ne pouvant espérer une part quelconque dans sa succession.

Lors de la dissolution du mariage, le mari ou ses héritiers devaient rendre intacte la dot de la femme. Tel est le système qui passa dans les Gaules avec le Droit romain, et domina surtout dans le Midi.

Après la conquête des Gaules par les Francs , le régime de la communauté et le régime dotal se confondirent en même temps que les mœurs germaniques et celles du Midi. Cette fusion donna naissance à une foule de coutumes maintenues en vigueur dans la plupart des provinces de la France, à l'exception des provinces méridionales, qui restèrent fidèles au régime dotal, tel que l'avait constitué le droit de Justinien. La société d'acquêts n'y était admise qu'autant qu'elle était expressément stipulée.

Les traces qu'avait laissées dans ces contrées la domination romaine étaient trop profondes pour que les mœurs en perdissent de sitôt le caractère.

Dans les pays coutumiers, la communauté de biens entre époux servait généralement de base à l'association conjugale ; mais les coutumes n'en réglaient point les effets d'une manière uniforme, comme cette communauté se trouvait restreinte ou étendue suivant les besoins et usages locaux.

Parmi cette variété de coutumes, les unes admettaient la communauté de plein droit, à moins de stipulation contraire, telles que les coutumes d'Orléans et de Paris. D'autres la rejetaient, et dans ce dernier cas, les époux pouvaient choisir entre deux régimes secondaires ; savoir : l'exclusion de communauté, qui rendait tous les biens de la femme dotaux; ce qui lui donnait quelque analogie avec le régime dotal, quoique les biens ne fussent pas inaliénables de plein droit, comme sous ce dernier régime. L'inaliénabilité devait être stipulée expressément.

Le second régime que les époux pouvaient adopter, était la séparation de biens. Par ce régime, tous les biens de la femme devenaient paraphernaux, dans le sens du Droit romain, c'est-à-dire que la femme pouvait disposer de ses biens de la façon la plus absolue. Au surplus, les époux jouissaient de la plus grande liberté pour modifier le régime de communauté.

D'après la coutume de Paris, les époux faisaient tomber en communauté tout le mobilier qu'ils possédaient au jour de la célébration du mariage et celui qu'ils acquerraient pendant sa durée, à quelque titre que ce fût. La communauté comprenait, en outre, tous les conquêts, immeubles acquis pendant le mariage, soit du fonds commun et à titre onéreux, soit même à titre de donation ou de legs, pourvu que ces biens fussent donnés ou légués aux époux par toute autre personne que par un ascendant. Tous les autres immeubles demeuraient exclus de la communauté, et devenaient pour celui des époux à qui ils appartenaient propres de communauté.

Dans la plupart des pays coutumiers, notamment dans ceux régis par la coutume de Paris ou d'Orléans, la communauté résultait ou de la simple déclaration des époux à cet égard, ou du silence qu'ils observaient dans leur contrat de mariage sur la nature du régime auquel ils entendaient se soumettre, se bornant à s'y faire ou à y recevoir des donations; enfin la communauté pouvait s'induire du fait qu'ils s'étaient mariés sans contrat. Ce système a prévalu aussi dans le Code civil, comme droit commun en France. Dans d'autres coutumes, la communauté résultait aussi du silence des parties, mais seulement après un an et un jour, à dater de la célébration du mariage.

Tels étaient les divers systèmes qui dominaient en France à l'époque de la rédaction du Code civil. Ils offraient, dans leur exécution, des difficultés extrêmes, et le besoin d'une législation uniforme se faisait sentir de plus en plus vivement. On songea donc sérieusement à établir un seul et même corps de lois pour tout le pays.

Les hommes chargés de l'exécution d'un aussi vaste projet comprirent qu'il fallait opter entre le régime de la communauté et le régime dotal, afin que l'un ou l'autre de ces systèmes servît de règle unique et générale aux intérêts pécuniaires des époux, toutes les fois que, pour un motif quelconque, ils ne s'en seraient pas affranchis ni écartés eux-mêmes par des conventions particulières.

Ces questions donnèrent lieu à de vives discussions au sein du conseil d'État. Le régime dotal eût présenté, il est vrai, une législation toute faite; mais on trouvait qu'il était entaché de deux caractères vicieux: celui de protéger exclusivement les femmes par l'inaliénabilité des dots, et celui de leur laisser une liberté trop absolue dans la disposition de leurs biens paraphernaux.

D'un autre côté, on envisageait avec faveur la coutume de Paris, qui admettait de plein droit la communauté, et qui jouissait d'une entière confiance dans les pays de droit coutumier.

L'union des personnes, disait-on, doit naturellement entraîner celle des biens, d'après la définition même de Justinien : *Veri et mulieris conjunctio individuam vitæ consuetudinem continens.* On considérait que la communauté dérive de la position même des époux, qui, travaillant au bonheur commun de leur union, par l'extension qu'ils donnent à leur avoir, par l'éducation de leurs enfants et par établissement de ces derniers, ne peuvent et ne doivent se quitter pendant la vie. De la sorte, la femme, dans l'espoir de jouir de l'état de prospérité de son mari, ne reste pas indifférente aux affaires de celui-ci, et l'assiste, au contraire, de son concours. Elle est enfin, vis-à-vis de son mari, copropriétaire de tous les biens de la communauté.

Comme il s'agissait surtout de satisfaire les classes indigentes, qui, faute de ressources, se trouvaient dans l'impossibilité de modifier, par contrat spécial, le régime de droit commun, on dût définitivement s'en tenir à la coutume de Paris, qui réunissait tous les avantages qu'on voulait établir en faveur de ces dernières.

Les rédacteurs du Code essuyèrent de vives oppositions de la part de plusieurs auteurs, quant au régime qui prévalut comme droit commun. M. Malleville donnait la préférence au régime dotal avec stipulation de société d'acquêts. Ainsi, disait-il, la grande majorité des Français, dont la fortune est toute mobilière, n'aurait pas à donner à leurs femmes, par suite du mariage, la moitié de leurs biens. M. Duranton était plutôt disposé en faveur d'une communauté réduite aux acquêts, qui excluait le mobilier présent et futur des époux et leur dettes actuelles et futures; il est d'avis qu'un pareil système ne comporte pas en soi cette inégalité, qui se rencontre si souvent dans les communautés, et qui est contraire à la nature des contrats de société, où généralement les parts sont en raison des mises. M. Duranton déplore surtout de ce que le mobilier provenant de successions, donations ou legs pendant le mariage, provoque une inégalité qui déjà, à elle seule, aurait dû empêcher que le régime de communauté ne fût le droit commun en France.

On ne peut, en effet, se dissimuler que, sous le régime de communauté légale, certains préjudices doivent résulter parfois pour l'un ou l'autre des époux, par suite d'un système qui fait entrer dans la communauté tous les meubles, tandis que les immeubles en sont écartés. D'un autre côté, la crainte de voir toute la fortune de la femme livrée entre les mains du mari, nous ferait néanmoins hésiter à admettre le régime de communauté universelle, que, du reste, nous envisageons, comme étant le plus en harmonie avec la nature et la dignité du mariage, quoique peu conforme à nos mœurs actuelles.

Les époux, à défaut de conventions spéciales, se trouvent donc soumis, aux termes du Code, au régime de communauté. qui, tel qu'il se trouve établi par la loi, constitue une société universelle de biens, qui se forme entre mari et femme par le fait même du mariage, et qui est soumise à des règles particulières, à raison des rapports personnels que le mariage établit en leur faveur.

Il est permis aux époux de modifier à leur gré cette communauté ; ils peuvent même, comme sous le régime des coutumes, la rejeter entièrement, et, pour ce dernier cas, le législateur a maintenu en leur faveur, et le régime dotal et les deux régimes secondaires, empruntés au droit coutumier, mais avec quelques modifications importantes, il est vrai, savoir : le régime exclusif de communauté et la séparation de biens.

En raison de la grande latitude accordée aux époux dans leurs conventions matrimoniales, on peut donc établir deux divisions principales : la communauté légale et la communauté conventionnelle, c'est-à-dire celle modifiée par les parties. Cette dernière se subdivise naturellement en trois catégories, dont la première comprend les clauses qui donnent plus d'extension à la communauté, et celles qui y portent des restrictions ; dans la seconde, on trouve la stipulation d'exclusion de communauté, qui limite les droits de la femme sur ses biens, à ceux de nue-propriété, en en conférant l'administration et la jouissance au mari ; la troisième enfin comprend la clause de séparation absolue de biens, qui laisse à la femme et la jouissance et l'administration de tous ses biens.

Il eût été logique, lors de la rédaction du Code, de consacrer deux chapitres, l'un à la communauté légale, l'autre à la communauté conventionnelle, et d'insérer dans ce dernier chapitre trois sections correspondant aux subdivisions établies plus haut. Les dispositions relatives aux règlements conventionnels, dont la liberté avait été si largement réservée aux époux, contenaient donc bien tous les autres régimes facultatifs, et même le régime dotal, auquel on pouvait se soumettre, en stipulant, avec l'inaliénabilité des biens de la femme, ou de partie de ces biens seulement, le régime exclusif de communauté.

Bientôt s'élevèrent de pressantes réclamations de la part des partisans du régime dotal, qui croyaient ce régime sacrifié pour toujours, par suite du silence qu'on observait à son sujet dans la rédaction du

Code. Les mesures prises pour son adoption ne satisfirent point les mécontents, de sorte que l'on dût s'écarter de l'ordre naturel des matières, et consacrer un chapitre spécial aux principes du régime dotal: ce qui fit évanouir bientôt toute espèce de défiance entre les partisans des deux régimes.

En effet, par ce chapitre, le régime dotal se trouva tout aussi bien constitué que le régime de la communauté, ce dernier, néanmoins, toujours maintenu comme droit commun ; mais cette mesure a condamné les rédacteurs du Code à des répétitions, puisque l'on a traité, dans deux sections différentes, la clause qui, en excluant la communauté, confère au mari la jouissance et l'administration des biens de la femme, et celle qui laisse à cette dernière l'administration et la jouissance de tout ou partie de sa fortune.

D'après l'article 1387, la loi ne régit l'association conjugale, quant aux biens, qu'à défaut de conventions spéciales, que les époux peuvent faire comme ils le jugent à propos, pourvu qu'elles ne soient pas contraires aux bonnes mœurs et à l'ordre public.

En cette matière donc, comme en toute autre, le principe est, que tout ce qui n'est point prohibé par la loi, est permis, et dans le doute, l'on doit pencher pour la validité de la clause critiquée. En vertu de ce principe, les époux peuvent stipuler une communauté d'acquêts, lorsqu'ils entendent exclure de la communauté leur mobilier actuel et futur, et leurs dettes présentes et futures. Cette communauté ainsi restreinte tire son origine des pays de droit écrit, où il était permis aux époux qui se mariaient sous le régime dotal de former une société d'acquêts.

Par une faveur toute spéciale accordée au mariage, les époux peuvent encore, en donnant plus d'extension à la communauté, former une société universelle de tous leurs biens, tant meubles qu'immeubles, présents et à venir.

C'est d'après le droit coutumier, et principalement d'après la coutume de Paris, que doivent être interprétées toutes les dispositions du Code sur le régime de communauté. Quant à celles qui ont rapport au régime dotal, elles doivent s'expliquer d'après le droit romain ; il faut néanmoins observer alors tous les changements qu'ont pu lui faire subir les décisions de l'ancienne jurisprudence française.

Si les parties dérogent par quelque clause au régime de communauté légale, dans l'une ou l'autre de ses règles, ces dérogations ne s'étendent point aux autres effets de ce régime, auquel les époux restent soumis pour le surplus, comme s'il n'y avait pas eu de contrat.

Quoique la déclaration, que les époux entendent se marier sans communauté, produise des effets tout opposés à ceux de la communauté légale, néanmoins cette déclaration ne confère point à la femme les droits de jouissance et d'administration sur ses biens ; ces droits appartiennent au mari, qui perçoit les fruits, lesquels doivent servir aux besoins et à l'entretien du ménage.

Dans les pays coutumiers, le régime d'exclusion de communauté était l'opposé de la communauté coutumière, tandis que la séparation de biens était l'opposé du régime dotal dans les pays de droit écrit.

La stipulation de séparation de biens exclut toute société de biens d'entre les époux ; elle laisse à la femme l'entière administration de ses biens meubles et immeubles, et la libre jouissance de ses revenus. Cette séparation de biens est irrévocable, tandis que celle prononcée en justice peut toujours cesser du consentement des époux.

Comme il a été dit précédemment, les dispositions contenues dans les articles 1530 à 1535 traitent des mêmes matières que les articles 1549 à 1573. Elles peuvent donc être interprétées les unes par les autres et se compléter. Les articles 1536 à 1539 et 1574 à 1580 concernent les cas où la femme conserve l'administration et la jouissance de ses biens ; en effet, sous le régime dotal, quant à ses biens paraphernaux, et sous le régime de séparation de biens, quant à la totalité de sa fortune, la position de la femme vis-à-vis du mari est la même. Elle peut seule, sans le concours de ce dernier, faire à l'égard de ces biens tous actes qui ne dépassent point les bornes d'une simple

S.   3

administration ; mais elle ne pourra ni aliéner, ni hypothéquer ses immeubles sans l'autorisation maritale, ou, à défaut, sans celle de la justice.

Sous le régime dotal, comme sous le régime exclusif de communauté, le mari est administrateur et usufruitier des biens dotaux; mais, dans le second cas, ces derniers ne sont pas inaliénables de plein droit, et il n'est besoin de prouver leur dotalité, comme cela doit se faire sous le régime dotal.

CHAPITRE PREMIER.

De la dot en général.

—————

§ 1er. *De la dot constituée sous les régimes autres que le régime dotal.*

La dot est le bien que la femme apporte au mari, soit en propriété, soit en jouissance seulement, pour lui aider à supporter les charges du mariage. (Art. 1540.)

Il peut y avoir dot sous quelque régime que l'on soit marié; la séparation absolue de biens seule n'en comporte point. Il n'y aura de dot non plus, lorsque la femme mariée sous le régime dotal ne s'est rien constitué et n'a rien reçu par contrat de mariage.

La constitution de dot peut frapper tous les biens présents et à venir de la femme, ou tous ses biens présents seulement, ou une partie de ses biens présents et à venir, ou même un objet individuel.

Sous toute espèce de régime susceptible de dot, excepté sous le régime dotal, la dot peut être constituée ou augmentée pendant le mariage.

Pour savoir si, les époux se trouvant mariés sous le régime de la communauté, tous les biens de la femme ont un caractère de dotalité, quant à la propriété ou quant à la jouissance seulement, il faut examiner si ces biens sont tombés en communauté, soit pour la propriété, soit pour la jouissance. (MM. Aubry et Rau, tome III, § 500.)

Sous le régime exclusif de communauté sans séparation de biens, la dot comprend tous les biens de la femme, mais pour la jouissance seulement; ne sont dotaux, sous le régime dotal, que les biens que la femme s'est constitués ou qui lui ont été constitués par des tiers, par contrat de mariage.

En Droit romain, le père était forcé de doter ses filles; la mère même y était astreinte dans certains cas. Le Code civil, en suivant les principes du droit coutumier, n'a voulu imposer aux parents d'autre obligation que celle qui résulte des droits naturels, et cette obligation existe tant à l'égard des garçons que des filles; elle pèse sur l'un et l'autre des époux.

Les tiers, tout aussi bien que le père et la mère, peuvent constituer une dot à la femme, qui peut, d'ailleurs, s'en constituer une elle-même sur ses propres biens.

§ 2. *Du régime dotal.*

DE LA DISTINCTION ENTRE LES BIENS DOTAUX ET LES BIENS PARAPHERNAUX.

Le régime dotal ne résulte que d'une déclaration expresse des parties portée au contrat de mariage. Quand cette déclaration existe, tout ce que la femme se constitue, et tout ce qui lui est constitué par le contrat de mariage, est dotal, s'il n'y a stipulation ou déclaration contraire. (Art. 1541.)

Cette constitution de dot peut néanmoins résulter de toute déclaration équivalente, soit que la femme confère, par contrat, au mari l'administration et la jouissance de tout ou partie de ses biens, soit qu'elle se réserve certains biens comme paraphernaux; tout le surplus de sa fortune devient alors dotal.

Lors donc qu'il est déclaré d'une manière positive dans le contrat de mariage que, d'une part, les époux ont l'intention d'adopter le régime dotal, et que, de l'autre, la femme exprime clairement, dans le même acte, qu'elle entend se constituer, ou qu'il lui est constitué par des tiers, tels ou tels immeubles en dot, ces biens deviennent dotaux; faute de faire cette dernière déclaration, la femme serait, il est vrai, mariée sous le régime dotal; mais ses biens resteraient paraphernaux et ne pourraient acquérir ce caractère d'inaliénabilité qui est inhérent à la dot constituée sous ce dernier régime. On peut tirer de là la conséquence que la soumission au régime dotal peut avoir lieu indépendamment de toute constitution de dot.

La déclaration de se marier sous le régime dotal ne résulte pas de celle que les époux se marient sans communauté, ou qu'ils seront séparés de biens.

L'inaliénabilité n'est donc pas attachée à la nature même de la dot; elle ne peut se déduire du seul fait de sa condition. L'inaliénabilité ne résulte que de la déclaration formelle, dans le contrat de mariage, que les époux entendent se marier sous le régime dotal.

L'inaliénabilité existe pendant toute la durée du mariage, et ne cesse pas même par la séparation de biens. Néanmoins, elle ne prive point la femme de disposer, par testament, de ses biens dotaux, même au profit de son mari, par testament, entre vifs, pendant le mariage, comme les donations de ce genre sont toujours révocables, étant faites à cause de mort.

L'inaliénabilité des biens dotaux souffre exception dans certains cas, lorsque, par exemple, les époux stipulent dans leur contrat que tout ou partie de ces biens pourront être aliénés pendant le mariage, ou bien lorsque les tiers constituent une dot à l'un des époux, sous la condition expresse qu'elle sera aliénable.

Pendant le mariage même, l'un et l'autre des époux, ou tous deux conjointement, peuvent, avec l'autorisation du tribunal de leur domicile, aliéner les immeubles dotaux, soit pour tirer le mari d'embarras financiers et autres, soit pour établir les enfants communs ou ceux d'un premier lit.

C'est le contrat de mariage qui doit déterminer l'étendue de la dot qui, sous le régime dotal, ne peut être ni constituée, ni augmentée. Cela n'empêche toutefois pas la femme de recevoir, pendant le mariage, une donation ou une augmentation de fortune : seulement, les époux ne pourraient, par une convention particulière, postérieure au mariage, étendre la dotalité à des biens qui, d'après leur contrat de mariage, devaient être paraphernaux.

Les biens paraphernaux ou extradotaux sont ceux qui appartiennent à la femme et qui ne font point partie de la dot. L'administration et la jouissance de ces biens appartiennent à la femme seule ; il lui est donc permis de louer ou d'affermer ces derniers, de recevoir le remboursement de ses capitaux, de faire enfin, sans le concours de son mari, tous actes conservatoires relatifs à ces biens, pourvu qu'ils n'excèdent point les bornes d'une simple administration. (Article 1576).

La femme ne peut, néanmoins, se dispenser de l'autorisation maritale, et à défaut de celle de la justice, pour donner, vendre, hypothéquer, acquérir à titre gratuit ou onéreux. C'est là une grave dérogation aux principes du Droit romain et de l'ancienne jurisprudence des pays de droit écrit, en vertu desquels la femme pouvait disposer de ses biens paraphernaux de la manière la plus absolue.

CHAPITRE II.

Du contrat de mariage.

NOTION DE CE CONTRAT.

Le contrat de mariage est la convention par laquelle deux personnes qui veulent s'unir par mariage règlent, quant à leurs biens, les droits dont elles devront jouir comme époux, l'une à l'égard de l'autre. (MM. Aubry et Rau, tome III, § 501.)

Il est permis d'insérer dans le contrat de mariage des donations faites, soit par l'un des futurs époux à l'autre, soit par des tiers aux futurs époux, ou à l'un d'eux.

Les époux ne sont pas astreints par la loi à régler leurs conventions matrimoniales par un contrat de mariage; à défaut d'un acte de ce genre, ils sont censés avoir voulu adopter, comme base de leur position pécuniaire respective pendant le mariage, et lors de sa dissolution, le régime de la communauté légale, qui peut être considéré, à juste titre, comme un contrat de mariage tacite, établi en leur faveur par le législateur, et dont les dispositions deviennent pour eux aussi irrévocables que s'ils les avaient stipulées par un contrat spécial.

Le contrat de mariage fut jugé, avec raison, d'une trop haute importance, pour être abandonné au bon plaisir des époux; il fut décidé, pour ce motif, qu'il serait constaté par un acte notarié, revêtu des formalités nécessaires à sa validité, et prescrites par la loi sur le notariat.

A la solennité du fait, le contrat devant notaire ne doit donc qu'ajouter la sûreté et toutes garanties nécessaires à sa stabilité, dans le cas où les époux voudraient déroger au droit commun par des conventions spéciales. Afin de ne rendre illusoires cette sûreté, ces garanties, le législateur exige, d'une part, certaines capacités des parties contractantes, et de l'autre, certaines conditions indispensables, concernant la forme du contrat de mariage, et l'époque à laquelle il peut être fait.

§ 1er. *Des personnes capables de faire un contrat de mariage.*

Pour faire un contrat de mariage, il faut non-seulement être capable de contracter, mais il faut avoir aussi la capacité de se marier. Néanmoins cette capacité ne confère point, dans certains cas, le droit de disposer de sa fortune par contrat de mariage.

Est nul tout contrat de mariage, fait par une personne non habile de se marier. Ainsi, un mariage annulé entraîne nécessairement la nullité du contrat fait en vue de sa célébration. Un tel mariage est censé n'avoir pas existé. Il n'y a alors ni dot, ni communauté, ni donations, ni conventions matrimoniales quelconques.

Par contre, il peut fort bien y avoir mariage sans contrat exprès, de même que l'union des personnes peut exister sans aucune espèce d'association de biens. Un mariage annulé n'entraîne pas toujours la nullité du contrat. Les articles 201 et 202 du Code établissent à ce sujet des exceptions, en prévoyant le cas où le mariage annulé aurait été contracté de bonne foi, les époux, ou l'un d'eux, ayant ignoré les causes qui s'opposaient à leur union. Le mariage produit alors tous ses effets civils, tant à l'égard des époux, qu'à l'égard des enfants nés de cette union. Par cela même, les conventions matrimoniales s'exécutent suivant leur teneur, lors de la séparation des époux, et les gains de survie même, stipulés dans le contrat de mariage, s'exercent de la même manière et aux mêmes époques que si le mariage eût été valablement contracté; il en est de même des donations qui auraient été faites aux futurs époux par des tiers.

Si l'un des époux seulement était de bonne foi, le mariage annulé ne produirait ses effets civils que par rapport à lui, et aux enfants issus de ce mariage. Les conventions du contrat ne sauraient être scindées, étant considérées comme faites les unes conditionnellement aux autres. Le contrat doit donc être accepté ou rejeté en entier.

Lorsque la femme s'est mariée avant l'âge de quinze ans révolus, sans avoir demandé une dispense et que la nullité du mariage a été couverte, soit qu'il n'ait pas été attaqué avant l'expiration de six mois, depuis que la femme avait atteint l'âge compétent, soit que celle-ci ait conçu avant l'échéance de six mois, il est certain que la nullité des conventions matrimoniales et des avantages faits par le mari ou par des tiers sera pareillement couverte : *convalescit dotis conditio,* puisque la condition tacite : *si nuptiæ fuerint secutæ,* s'est réalisée.

La femme, pour cela, n'est point liée quant aux avantages qu'elle a pu faire à son mari, ni quant aux autres dispositions contenues dans le contrat qu'elle trouverait, par la suite, à son désavantage; lors même que le contrat eût été rédigé du consentement et avec l'assistance des personnes dont le consentement était nécessaire pour la validité du mariage; la condition exigée par la loi était qu'elle fût habile à contracter mariage en faisant les conventions matrimoniales, et elle ne l'était point à cette époque. Dans ce cas encore, il ne lui est pas permis de scinder les clauses du contrat, et d'accepter seulement les conventions qui lui paraîtraient avantageuses : l'acte devra être accepté ou répudié en entier.

Supposons le cas où la femme, n'ayant pas vingt-un ans accomplis, aurait contracté mariage sans le consentement de ceux sous l'autorité desquels elle se trouvait alors placée; si, néanmoins, ce mariage avait été ratifié, soit par une déclaration expresse, soit par le silence observé par ces personnes pendant un an, le mari, qu'il fût majeur lors du mariage ou qu'il fût assisté de ceux dont le consentement lui était nécessaire, ne pourrait demander la nullité des conventions matrimoniales, ni celle des dons ou avantages qu'il a faits à sa femme, puisqu'en vertu de l'art. 1125, ceux qui sont capables de contracter ne peuvent se prévaloir de l'incapacité des personnes avec lesquelles ils ont traité, et, dans ce cas, le mari était capable.

En vertu de l'article 1398, le mineur habile à se marier a aussi la capacité de faire un contrat de mariage. Il peut consentir toutes conventions et faire toutes donations que peut renfermer ce contrat; mais pour qu'elles soient valables, il faut que le mineur soit assisté, lors du contrat, de toutes les personnes dont le consentement lui est nécessaire pour la validité de son mariage.

L'âge requis pour le mineur qui veut contracter mariage et consentir des conventions matrimoniales, est de dix-huit ans révolus pour l'homme, et de quinze ans révolus pour la femme. Il faut une dispense d'âge au mineur qui n'a pas atteint l'âge voulu par la loi ; toutes conventions, quoique faites sous l'assistance des personnes dont le consentement est requis pour la validité du mariage, ne lient point le mineur qui, lors de la passation de son contrat, n'avait pas l'âge compétent et n'avait obtenu de dispense ; ces conventions, disonsnous, ne lient point le mineur, lors même qu'il fût majeur lors de la célébration de son mariage, ou que, ne l'ayant pas été lors de cette célébration, la nullité eût été couverte; car, du moment que le mineur n'était pas habile à se marier, il ne pouvait faire son contrat de mariage.

Lorsqu'à l'époque du contrat de mariage, l'un des futurs époux, encore mineur, a été représenté par son tuteur ou par un parent autorisé par le conseil de famille, l'époux, devenu majeur depuis, n'est plus dans le cas d'appeler ce tuteur ou parent lors des changements ou contre-lettres qu'il voudrait faire au contrat, pourvu que toutes les parties y figurent.

La femme mineure, qui se marie sous le régime dotal, peut stipuler l'aniélabilité de ses biens dotaux. Sous l'ancien droit, elle n'avait cette faculté qu'après y avoir été autorisée par le conseil de famille, ou à charge par le mari de faire remploi. Pour l'exécution de cette réserve,

S.   4

la femme doit toutefois attendre l'époque de sa majorité ou celle de son mari, comme l'un et l'autre retombent, après la confection du contrat de mariage, dans le droit commun.

Par exception à la règle, qui autorise le mineur d'agir dans le contrat de mariage comme s'il était majeur, la femme mineure, même dûment autorisée, ne peut consentir la restriction de l'hypothèque légale qu'elle a sur les biens de son mari, faveur accordée seulement à la femme majeure.

La femme mineure, dûment assistée et autorisée, a le droit de donner à son conjoint tout ce qu'elle pourrait lui donner étant majeure; le mari encore mineur jouit du même avantage.

Le mineur seul peut attaquer le contrat de mariage qu'il a passé sans l'assistance des personnes dont le concours était nécessaire pour sa validité. La prescription de dix ans, à partir de la dissolution du mariage, couvre la nullité dont ce contrat est entaché.

Tout ce qui précède doit s'appliquer aussi bien aux mineurs émancipés qu'à ceux qui ne le sont pas, l'art. 1398 ne faisant aucune distinction entre eux. La confection d'un contrat de mariage, il est vrai, ne constitue point un acte de simple administration.

Dès que le mineur a atteint l'âge de vingt-un ans, il n'a plus besoin de l'assistance de ses parents pour faire son contrat de mariage; mais, pour se marier sans cette assistance, l'âge requis est de vingt ans révolus pour l'homme et de vingt-un ans révolus pour la femme : ce qui prouve qu'en ce qui touche la capacité des parties contractantes, le mariage et le contrat qui en contient les conditions civiles ne sont pas rigoureusement soumis aux mêmes règles.

L'enfant de l'interdit, qui veut contracter mariage, peut recevoir du conseil de famille, de son père ou de son aïeul interdits, une dot ou un avancement d'hoirie sur les biens de l'un ou de l'autre de ces derniers ; dans ce cas, le conseil de famille doit seul régler les autres conventions matrimoniales du futur époux, qu'il soit majeur ou mineur, et cette délibération ne deviendra exécutoire qu'après homologation de justice.

Quant à l'enfant qui n'apporte en mariage que des biens personnels, ou des biens provenant d'un tiers, il lui appartient de régler seul, s'il est majeur, et, en cas de minorité, avec l'assistance des personnes dont le consentement est nécessaire pour la validité de son mariage même, toutes les clauses et conditions de son contrat.

Toute personne pourvue d'un conseil judiciaire ne peut, même par contrat de mariage, faire, sans l'assistance de ce conseil, des donations entre vifs au profit de son futur conjoint.

M. Duranton est d'avis que les donations de biens laissés au décès du prodigue, et faites hors de l'assistance du conseil judiciaire, soient valables, comme elles ne dépouillent point, à vrai dire, le donateur, mais qu'elles ont plus particulièrement effet à l'égard des héritiers ; elles doivent plutôt être rangées dans la catégorie des dispositions testamentaires, et il est permis au prodigue de tester.

Les parties peuvent se faire représenter, dans le contrat, par des mandataires, et aucune disposition de la loi n'empêche les futurs époux eux-mêmes de jouir de cette faveur, qu'ils soient majeurs ou mineurs, pourvu qu'ils soient dûment autorisés dans ce dernier cas. La règle générale est, qu'on peut contracter par le ministère d'un mandataire, et la loi n'établit point d'exception pour le cas dont il s'agit présentement. Il est opportun, néanmoins, que l'acte soit authentique, comme les actes sous seing privé ne font pas foi par eux-mêmes. Les dénégations d'écriture sont trop à craindre, pour qu'on n'évite scrupuleusement tout ce qui peut y donner lieu.

L'art. 1393 semble offrir de grandes lacunes à propos des conventions matrimoniales d'un étranger qui se marie en France avec une Française, ou d'un Français contractant mariage avec une étrangère ou une Française hors du territoire français.

Lorsqu'un étranger a élu domicile en France, avec l'autorisation du gouvernement, ce dernier lui réserve, aussi longtemps qu'il y conserve sa résidence, la jouissance de tous les droits civils d'un Français ; il est à supposer, qu'en épousant en France, soit une Française, déjà soumise aux lois de son pays, soit une étrangère, qui devra suivre la condition de son mari, cet étranger ait voulu se soumettre à la loi française et adopter le régime de la communauté légale, à défaut de contrat de mariage. Toutefois, l'autorisation d'établir son domicile en France ne lui confère point le titre de Français, qui appartient seulement à l'étranger naturalisé ; l'étranger reste donc soumis, pour ce qui concerne sa capacité personnelle, aux lois de son pays, et peut, d'après celles-ci, régler ses conventions matrimoniales. Telle est l'opinion de M. Duranton, et nous la partageons.

Lorsque, d'un autre côté, un Français se trouve établi en pays étranger, sans esprit de retour, il a perdu sa qualité de Français ; qu'il se marie, soit avec une Française, soit avec une étrangère, il est soumis au régime formant le droit commun du pays où il réside, à moins qu'il ne le modifie par des conventions particulières. Mais si les époux, par un retour en France, recouvrent la qualité de citoyens français, ils ne peuvent, dans aucun cas, changer leur contrat de mariage, ni d'un commun accord, ni autrement.

Un Français qui épouse en France, soit une Française, soit une étrangère, sans avoir fait de contrat de mariage, est toujours censé avoir voulu se soumettre au régime de communauté légale, et sa femme, qui savait qu'elle devait suivre la condition de son mari, est réputée de même avoir voulu adopter ce régime.

§ 2. *De la forme du contrat de mariage.*

L'art. 1394 porte : « Toutes conventions matrimoniales seront rédigées avant mariage, par acte devant notaire. »

Ainsi se trouvent abrogés, par cet article, en premier lieu, les contrats de mariage faits sous seing privé, qui étaient autrefois en usage dans les pays de droit écrit ; il y avait, en effet, trop de facilités de les entacher d'antidates frauduleuses, et le législateur a cru devoir prendre les mesures nécessaires pour les empêcher, en assurant à ces contrats, par un acte notarié, une date antérieure au mariage.

Ce principe, du reste, n'est pas sans exception, car il semble qu'un acte, contenant les conventions matrimoniales, fait sous seing privé, puisse être considéré comme parfaitement valable, lorsqu'il est déposé pour minute chez un notaire, le dépôt en étant fait, avant mariage bien entendu, par toutes les parties qui y ont concouru, et se trouvant constaté par un acte notarié, qui contient la mention, que les parties ont reçu lecture de leurs conventions, et qu'elles ont déclaré y persister (MM. Aubry et Rau, tome III, § 503).

L'art. 931 exige que tout acte, contenant donation, soit rédigé en minute, comme étant un acte solennel. On considère aussi comme tels une constitution d'hypothèque ou une subrogation, puisque ces actes exigent pour leur accomplissement le ministère d'un officier revêtu d'un caractère public, qui y appose le cachet de son autorité; à plus forte raison, le contrat de mariage, qui est d'une importance bien plus grave, doit-il revêtir la forme notariée. Ce n'est qu'alors qu'il acquiert son véritable caractère d'authenticité, faisant pleine foi, c'est-à-dire, qu'il suffise que l'acte soit représenté, pour qu'on doive y référer, sans qu'il soit besoin de vérification préalable.

Le notaire doit conserver minute du contrat de mariage; il prévient ainsi son altération, ou même sa disparution, que pourraient provoquer l'une ou l'autre des parties ayant intérêt à le faire.

Le contrat de mariage étant un acte solennel, l'incompétence ou l'incapacité de l'officier public, aussi bien qu'un défaut de forme, le rendront nul d'une manière absolue; il ne vaudra point comme écriture privée, lors même qu'il est signé par les parties.

Le contrat de mariage doit être revêtu de toutes les formalités voulues par la loi du 25 ventôse an XI pour tous les actes notariés en général : il doit donc être passé devant deux notaires, ou un notaire et deux témoins; l'acte serait nul, s'il n'était reçu que par un notaire seul.

Il faut que les notaires et les témoins aient toutes les qualités requises par la loi sur le notariat; ainsi, les notaires qui reçoivent l'acte
ne peuvent être parents entre eux, ni des parties, aux degrés énoncés
en l'art. 8 de cette loi. Les témoins ne peuvent être non plus parents
des parties aux mêmes degrés, ni être les clercs ou serviteurs des notaires ou des parties.

La célébration du mariage ne couvre point la nullité de forme d'un
contrat de mariage qui n'a pas été signé par l'un des époux, et cette
nullité pourra être invoquée par la partie qui a fait, dans le contrat,
une donation à l'époux non signataire.

Si le contrat est déclaré nul pour les causes ci-dessus, les époux
sont considérés comme n'en ayant pas fait; en conséquence ils seront
mariés sous le régime de la communauté légale. Les donations qui
leur ont été faites, et celles qu'ils se sont faites l'un à l'autre, soit
simples, soit réciproques, sont nulles et sans effet.

Par le motif que les conventions matrimoniales sont, en général,
celles qui ont pour objet de régler les droits des futurs époux, la
constitution de dot, les apports respectifs, les gains de survie et les
donations réciproques, outre le régime qu'ils entendent adopter pure-
ment et simplement, ou avec des modifications, par ce motif, disonsnous, on peut considérer comme conventions matrimoniales toute
donation réciproque que les futurs époux se feraient avant la célébration de leur mariage, en considération de ce dernier, par un acte
qui ne contiendrait pas d'autre stipulation. Cet acte s'assimilerait alors
à un véritable contrat de mariage. On pourrait aussi considérer comme
tel toute donation faite par un tiers, par un parent ou tout autre,
soit aux futurs époux, soit à l'un d'eux, à titre de dot, en vue de leur
union, lors même que cette donation se trouverait renfermée dans un
acte isolé.

Les conventions matrimoniales et les donations contenues dans le
contrat de mariage sont toutes censées faites sous la condition : *Si
nuptiæ sequantur*. C'est pourquoi, si les promesses de mariage viennent

à se rompre , toutes les conventions et donations deviennent nulles,
et sont à considérer comme non avenues , *quasi ex defectu conditionis*.

Si l'un des époux est commerçant, le contrat de mariage doit être
transmis par extrait, dans le mois de sa date, aux greffes et chambres
désignés en l'art. 872 du Code de procédure civile , pour être exposé
au tableau , conformément au même article. Cet extrait doit énoncer
si les époux sont mariés en communauté , s'ils sont séparés de biens ,
ou s'ils ont contracté sous le régime dotal (art. 67, Code de commerce.)

Le notaire qui a reçu le contrat de mariage, est tenu de faire cette
remise sous peine de cent francs d'amende et même sous peine de
destitution et de responsabilité envers les créanciers, s'il est prouvé
que l'omission a été la suite d'une collusion.

Tout époux qui, séparé de biens ou marié sous le régime dotal ,
embrasserait la profession de commerçant postérieurement à son mariage, sera tenu de faire pareille remise dans le mois du jour où il
aura ouvert son commerce , à peine , en cas de faillite , d'être puni
comme banqueroutier simple.

§ 3. *De l'époque de la confection du contrat de mariage.*

En vertu de l'art. 1394, tout contrat de mariage doit être fait, à
peine de nullité, avant la célébration du mariage. L'article suivant dit
que les conventions matrimoniales ne peuvent plus recevoir aucun
changement après cette époque.

Cette prohibition s'étend aussi bien aux donations contenues dans
le contrat de mariage , et qui deviennent irrévocables par la célébration, qu'aux changements que voudraient faire à leur contrat les
époux entre eux après cette époque, ainsi qu'à ceux que l'un des
époux voudrait opérer à telle et telle clause, avec un tiers, qui a été
partie dans le contrat.

Les époux ne peuvent plus modifier , après la célébration du mariage , les clauses relatives au régime qu'ils ont adopté par leur contrat, conséquence naturelle des dispositions de l'art. 1395. Ils ne pourraient déclarer, même par consentement mutuel, qu'en se mariant ils n'ont pas voulu contracter une communauté de biens. Il ne leur serait permis de convenir de faire cesser cette communauté pour l'avenir, en la remplaçant par une séparation de biens ; les époux ne pourraient pas même établir ce dernier régime par leur seul consentement; dans le cas où la dissipation que le mari fait de ses biens fournirait un juste motif de séparation ; il faut qu'elle soit prononcée par le juge, en connaissance de cause.

Tous actes , par lesquels les époux modifient, pendant le mariage , leurs conventions matrimoniales , sont frappés de nullité.

Les donations faites aux époux , par contrat de mariage , ne sont susceptibles de modifications, que lorsqu'il s'agit d'augmenter les avantages de ces donations. Ainsi , le donateur peut fournir des garanties, dont il n'avait pas été fait mention , lors du contrat, par exemple , en dispensant du rapport une donation qui y était sujette.

M. Toullier blâme la disposition qui commande aux époux de rédiger avant la célébration leurs conventions matrimoniales , et qui défend à ces derniers d'y faire des changements après cette époque. Cette disposition est contraire, il est vrai, au Droit romain, qui permettait aux époux de fixer leurs conventions , aussi bien avant qu'après mariage.

Sous certains rapports, il faut, en effet, déplorer la rigueur de la loi. Il peut arriver, par exemple, que des époux se sont mariés sans société de biens, et que, par conséquent, ils jouissent, pendant la durée de leur union , chacun en particulier de sa fortune; après quelques années d'union , ils regrettent de ne pas avoir rédigé certaines conventions après mariage, conventions qu'il ne leur est plus permis de faire au moment où ils auraient pour cela toute l'expérience, l'habitude d'une vie commune et une parfaite connaissance de leurs ca-

ractères. Leur contrat de mariage les lie pour toujours aux stipulations qu'ils y ont insérées avant la célébration ; ils ne peuvent plus y
apporter le moindre changement.

Supposons, d'un autre côté, qu'il fût permis aux époux de faire leur
contrat pendant le mariage ; il est hors de doute que l'on verrait souvent l'un ou l'autre des époux avoir cédé, en se mariant, à des espé-
rances illusoires, qui viendraient s'évanouir bientôt, le mariage une
fois consommé, soit par la négligence, soit par le dol même de son
conjoint, et cela faute de garanties suffisantes. Ce sont là des malheurs que
devait prévenir le législateur, et dont le danger lui fit adopter la disposition, que le contrat de mariage devait être passé avant la célébration,
et qu'après cette époque, il ne pourrait plus y être fait de changements. Il est certain que le maintien de la disposition du Droit romain à cet égard aurait provoqué souvent des suites fâcheuses.

L'ancienne jurisprudence avait, du reste, déjà consacré le principe
qui vient d'être énoncé, et la coutume d'Orléans en fait mention en
l'art. 203, où il est dit : En traité de mariage, et avant la foi baillée
et bénédiction nuptiale, homme et femme peuvent faire et apposer
telles conditions, douaires, donations et autres conventions que bon
leur semblera.

Tous changements ou contrelettres faits au contrat, avant la célébration, ne sont valables qu'autant qu'ils auront été constatés par
acte passé dans la même forme que le contrat de mariage même, et
qu'ils auront été rédigés en la présence et du consentement simultané
de toutes les personnes qui y ont été parties. Telles sont les deux conditions indispensables à la validité d'un changement ou d'une contrelettre (art. 1396).

Le changement a, en général, pour objet d'ajouter à la disposition,
ou d'en retrancher quelque chose. La contrelettre est faite contre la
disposition ; elle la détruit en tout ou partie par une abrogation expresse. Tous deux comprennent les nouvelles dispositions qui modifient directement, ou d'une manière détournée, certaines clauses du

contrat de mariage, en altérant ou en neutralisant les effets que ces clauses devaient produire.

On considère, comme partie dans un contrat de mariage, toutes personnes qui y stipulent ou promettent quelque chose en leur propre nom, celles enfin dont la présence et le consentement sont indispensables pour l'insertion de certaines clauses au contrat, et non les personnes qui y assistent seulement en qualité de conseil, par honneur ou bienséance.

Les avis des auteurs sont très-partagés quant à la présence des parties au changement ou à la contrelettre. M. Toullier pense que la présence des père et mère n'est pas nécessaire, s'ils n'ont fait aucune constitution, promesse ou donation à l'enfant, ni aucune renonciation en sa faveur; que la présence et le consentement des personnes qui ont été parties dans un contrat, ne sont pas même nécessaires, lorsque, depuis le contrat et avant la célébration, l'un des époux veut faire une donation à son futur conjoint, et que, même pour ce motif, ils peuvent s'en faire la veille de la célébration, sans ce consentement.

Au premier cas, M. Duranton oppose, et avec raison, la position de l'enfant, même majeur, au mariage duquel les père et mère n'auraient consenti qu'en considération de certaines clauses insérées au contrat.

Ce consentement venant à être refusé, il faudrait recourir à la formalité pénible des actes respectueux; l'équité semble donc exiger que l'on fasse connaître au père et mère les changements que l'on se propose de faire aux conventions matrimoniales, afin que les parents puissent juger s'ils doivent persister dans leur assentiment, et pour cela, il faut, certes, qu'ils agissent en pleine connaissance de cause.

Il est vrai, d'un autre côté, que si les père et mère retirent leur consentement au mariage, plutôt que d'acquiescer au changement projeté, les futurs époux ont toujours la latitude de recourir aux actes respectueux; s'ils viennent à dresser un nouveau contrat de mariage, ce dernier ne pourra pas devenir, pour eux, moins avantageux du fait des parents, comme ces derniers n'ont rien constitué ni donné dans celui fait précédemment. En les appelant au changement ou à la contrelettre, les futurs époux dans ce cas n'accomplissent donc vis-à-vis d'eux, qu'un simple acte de déférence et de soumission.

Lorsque l'on considère l'opinion de M. Toullier sur les donations que, selon lui, l'un des époux peut faire à l'autre, depuis le contrat et avant la célébration, et ce, hors la présence et sans le consentement des personnes qui ont été parties dans le contrat, on s'étonne que cet auteur ait si peu observé la grande distinction entre les donations qui, faites avant la célébration, sont irrévocables, et celles faites après le mariage, qui sont toujours révocables. Sans nul doute, les donations de la première espèce sont bien plus importantes que celles que les époux peuvent, comme bon leur semble, changer, révoquer et remplacer par d'autres. C'est là un motif assez puissant pour que les époux doivent recourir au consentement et à l'assistance des personnes qui ont été parties dans le contrat, lorsqu'ils entendent se faire une donation encore avant la célébration, donation qui peut modifier l'une ou l'autre des clauses de leur contrat. Toute donation faite hors de cette condition est nulle et de nul effet.

Aux termes de la loi, les changements ou contrelettres doivent être dressés à la suite de la minute du contrat même, dont le notaire ne peut, sous peine de tous dommages-intérêts, et même de poursuites disciplinaires, délivrer ni grosses, ni expéditions, sans transcrire à la suite le changement ou la contrelettre. Lorsqu'une expédition a déjà été délivrée avant la rédaction du changement ou de la contrelettre, le notaire est tenu d'en exiger la remise, pour en ajouter l'expédition à la suite; de cette manière on prévient tout moyen d'induire les tiers en erreur.

Il se pourrait que, lors de la rédaction du changement ou de la contrelettre, toutes les parties ne fussent pas présentes pour la signature du nouvel acte, dont la passation ne pourrait alors avoir lieu. MM. Maleville et Toullier sont d'avis que, pour obvier à cet inconvénient, il suffirait que toutes les parties fussent dûment appelées à assister au changement ou à la contrelettre, et qu'en cas de non-comparution, elles seraient alors censées y avoir consenti, suivant la règle : *qui tacet consentire videtur*.

Cependant l'article 1396 dit clairement que l'intervention et le consentement simultanés de toutes les parties présentes au contrat même sont nécessaires lors de la rédaction du changement ou de la contrelettre ; il faut donc y renoncer plutôt, en cas de refus ou de non-comparution de l'une ou de l'autre des parties, ou faire un nouveau contrat de mariage. Ainsi, faudrait-il encore procéder, en cas d'absence, de décès, ou de mise en état d'interdiction de l'une des parties. Quand il s'agit du mariage de l'enfant de l'interdit, le conseil de famille peut autoriser les autres parties, par délibération homologuée en justice, à faire au contrat de mariage les changements projetés (MM. Aubry et Rau, tome III, § 503).

L'acte postérieur au mariage, par lequel les personnes qui ont constitué une dot en numéraire à l'un des futurs époux, en assurent le paiement au moyen d'une concession d'hypothèque, ne peut être considéré comme un changement au contrat. L'hypothèque, en ce cas, ne fait que garantir l'exécution de la constitution faite par le contrat, au lieu de la détruire.

Les donations faites, pendant le mariage, aux époux, par les personnes qui les ont dotés, ne sont pas non plus à assimiler à un changement apporté aux conventions matrimoniales. Il peut y avoir augment de dot de la part des père et mère qui se proposent d'établir l'égalité dans les avancements d'hoirie, lorsque l'un de leurs enfants a été plus richement doté que ses frères et sœurs.

CHAPITRE III.

Des conventions matrimoniales permises ou prohibées en matière de contrat de mariage.

Le contrat de mariage ne règle rien de ce qui a rapport à la personne des époux ; il concerne uniquement leurs intérêts pécuniaires.

Ainsi la loi défend aux époux de déroger aux droits qui résultent de la puissance paternelle sur la personne de la femme et des enfants, ainsi qu'à ceux qui compètent au mari, comme chef de la famille, ou à la femme survivante, en vertu des dispositions du Code sur la puissance paternelle, la minorité, la tutelle et l'émancipation. L'on ne peut donc, par stipulation au contrat, conférer la puissance paternelle à la femme avant la mort du mari. Cette dernière la conserve depuis cette époque, malgré toute clause contraire. Est nulle toute convention en vertu de laquelle les parents renonceraient à la tutelle légale de leurs enfants à naître; le mari, néanmoins, s'il ne peut enlever la tutelle à sa femme, aura toujours le droit de lui nommer un conseil. La femme ne peut, par clause de contrat, être dispensée du recours à l'autorisation de son mari, ou, à défaut, de celle de la justice, pour plaider ou se défendre. Il ne peut, non plus, être convenu dans le contrat de mariage que la femme n'habitera pas avec le mari, ou qu'elle cessera d'habiter avec lui quand bon lui semblera, ou encore, qu'elle ne sera pas tenue de le suivre partout où il jugera convenable de résider, ce qui serait contraire aux dispositions de l'art. 214. On doit encore considérer comme nulle la convention par laquelle on voudrait lever la prohibition faite à la femme de vendre ou de grever d'hypothèques ses immeubles, sans l'autorisation de son époux ou de celle de la justice. Cette prohibition tient étroitement à l'ordre public, et la femme mariée est, sous ce rapport, frappée d'une incapacité légale, qui s'étend même aux femmes non communes en biens ou séparées.

Quoique l'usufruit des biens des enfants déféré au survivant des père et mère, paraisse, suivant l'article 384, une disposition relative seulement aux intérêts pécuniaires, le Code en fait une attribution de la puissance paternelle, à laquelle le père ne peut renoncer, quoiqu'au fait cette renonciation n'y porte aucune atteinte et ne semble pas contraire à l'ordre public, surtout lorsqu'elle n'a lieu que dans l'intérêt même des enfants. Cet usufruit peut, du reste, cesser en plusieurs circonstances, entre autres, lorsque les biens sont advenus aux enfants par leur industrie privée, ou qu'ils leur ont été légués ou donnés sous la condition expresse que les père et mère n'en auront pas la jouissance. L'usufruit cesse, en tout cas, au jour où les enfants auront atteint l'âge de dix-huit ans accomplis, ou au jour de leur émancipation, qui peut avoir lieu avant cette époque (384, 387).

L'art. 1387 consacre, en faveur des époux, le principe de la plus grande liberté dans les conventions matrimoniales pour le règlement de leurs intérêts pécuniaires. Les époux peuvent non-seulement se soumettre au régime qui leur semble le plus avantageux, mais ils peuvent encore lui faire subir toute espèce de modifications. Ainsi il leur est permis de stipuler l'inaliénabilité de la dot sous le régime de la communauté, ou de convenir de l'aliénabilité des immeubles dotaux, en adoptant le régime dotal. Il leur est donc loisible d'adopter un régime mixte, et même de former une société de biens, tant meubles qu'immeubles, présents et à venir, ce qui ne peut avoir lieu dans une société ordinaire, dans laquelle on ne peut faire entrer les biens qui écherront par la suite à l'un ou l'autre des associés, par succession, donation ou legs.

Il ne peut encore être convenu dans une société ordinaire que la totalité des bénéfices soit attribuée à l'un des associés, ou que les sommes et effets par lui apportés au fonds social soient affranchis de toute contribution aux pertes; ce qui serait contraire au but de la société (art. 1855), tandis que les époux peuvent parfaitement stipuler que la communauté appartiendra en totalité au survivant, ou à l'un d'eux seulement, sauf aux héritiers à faire la reprise des capitaux et apports.

D'un autre côté, il n'est pas permis aux époux de faire des stipulations sur des objets qui ne sont pas susceptibles de former la matière d'une convention quelconque. Ainsi, ils ne peuvent renoncer, par convention, à la succession d'un homme vivant, ni convenir de l'aliénabilité des droits éventuels que les époux pourraient avoir sur cette succession, même du consentement de celui de la succession duquel il s'agit; toute stipulation de ce genre lèse les dispositions prohibitives de l'art. 1389.

L'ancienne jurisprudence avait permis aux époux de renoncer, par stipulation, à la faculté de s'avantager l'un l'autre pendant la durée du mariage. Cette renonciation pouvait, toutefois, être considérée, à juste titre, comme une promesse tacite faite par l'époux renonçant à ses héritiers de ne pas disposer de ses biens à leur préjudice. Le Code devait prohiber toute clause renfermant convention pareille.

Il est défendu aux époux de stipuler que, dans le cas où il y aurait entre eux séparation de corps, leurs biens resteront néanmoins en commun après le jugement de séparation. Une pareille clause serait contraire aux dispositions de la loi sur les effets de la séparation de corps. On trouve encore une disposition prohibitive dans celle qui statue que l'un des époux ne supportera pas les dettes de la communauté dans la juste proportion de son droit à l'actif.

Est nulle toute clause en vertu de laquelle la femme ou ses héritiers et ayant-cause n'auront pas la faculté de renoncer à la communauté (art. 1453.)

Toute donation entre vifs de biens présents, faite entre époux par contrat de mariage, n'est point censée faite sous la condition de survie du donataire, si cette condition n'est formellement exprimée; elle est soumise aux règles et formes prescrites par l'art. 1092.

La donation entre vifs de biens présents, faite entre époux, par contrat de mariage, saisit actuellement l'époux donataire, et, en cas de prédécès, ses héritiers recueillent les biens donnés.

Cette donation doit être transcrite, si elle comprend des immeubles ; et si elle comprend des meubles et effets mobiliers, il doit en être annexé un état estimatif.

La donation de biens à venir, ou de biens présents et à venir, faite entre époux par contrat de mariage, soit simple, soit réciproque, est soumise aux règles établies à l'égard des donations pareilles qui leur sont faites par un tiers, sauf qu'elle n'est pas transmissible aux enfants issus du mariage, en cas de décès de l'épouse donataire avant l'époux donateur (art. 1093).

Toutes donations faites entre époux, par contrat de mariage, sont irrévocables comme le contrat qui les contient ; elles sont dispensées aussi de l'acceptation expresse.

Si l'un des futurs conjoints a des enfants d'un précédent mariage, il ne peut, à son nouvel époux, faire donation de biens excédant la portion disponible établie par l'art. 1098, c'est-à-dire une part d'enfant légitime le moins prenant, et sans que, dans aucun cas, cette donation puisse excéder le quart de ses biens.

Les futurs époux jouissent du privilége de faire dépendre leurs conventions matrimoniales, et notamment l'établissement et l'existence de la communauté, d'une condition suspensive ou résolutoire, pourvu qu'elle ne soit pas potestative de la part de l'un ou l'autre des époux.

Ainsi, l'établissement de la communauté peut être subordonné à la condition de survenance d'enfants pendant le mariage. Cette condition venant à s'accomplir, la communauté sera censée avoir commencé au jour de la célébration du mariage. Par cette disposition, l'on ne déroge point aux termes précis de l'art. 1399. La condition venant à faire défaut, les époux se trouvent être mariés alors sous le régime exclusif de communauté, à moins que, dans la prévision de non-accomplissement de la condition, ils n'aient entendu adopter, soit une communauté réduite aux acquêts, soit la séparation de biens.

La communauté se trouvant stipulée sous la condition d'une chose impossible dans son exécution, les époux seront encore mariés sous le régime exclusif de communauté, lors même qu'il n'en a pas été fait mention dans le contrat de mariage. Il y aura toujours alors adoption implicite, comme les parties entendaient seulement admettre le régime de la communauté légale, sous une condition qui n'a pas pu se réaliser.

Pour s'assurer de la validité d'une clause, il faut examiner si elle renferme les conditions essentielles à la validité des conventions en général. Sous ce rapport, les conventions matrimoniales ne jouissent d'aucun privilége. Elles doivent réunir, comme conditions principales, le consentement et la capacité des parties contractantes, aussi bien qu'un but utile et certain, et une cause qui ne soit contraire, ni aux bonnes mœurs, ni à l'ordre public. En vertu de ce principe, il n'y a pas de stipulation, s'il n'existe point d'intérêt en faveur de celui qui stipule : *Nemo potest utiliter stipulari quod sua non interest.*

La nullité d'une ou de plusieurs clauses du contrat de mariage entraîne nécessairement la nullité des conventions qui en sont les conséquences, ou qui en dérivent directement ou indirectement ; néanmoins, cette nullité ne s'étend pas à tout le contrat, dont les autres dispositions seront toujours valables, suivant la règle *utile per inutile non vitiatur.*

Les époux peuvent rédiger, comme bon leur semble, les clauses de leur contrat de mariage ; ils sont autorisés à se référer spécialement à tel article d'une ancienne coutume, pour l'exécution d'une convention insérée au contrat ; mais ils ne peuvent déclarer qu'ils entendent régler, d'une manière générale, leur association conjugale d'après telles coutumes ou telles lois établies autrefois dans les différentes provinces de la France. L'intention du législateur n'était pas d'effacer précisément le souvenir des anciennes coutumes, mais plutôt de hâter l'uniformité de la jurisprudence. Autrement, on aurait perpétué l'existence de ce nombre indéfini de lois et de statuts qui régissaient la France, et la promulgation du Code civil aurait manqué son principal but.

S.   6

DROIT COMMERCIAL.

DE L'ENDOSSEMENT IRRÉGULIER.

(Code de commerce, art. 138.)

CHAPITRE PREMIER.

De l'endossement en général.

La lettre de change est un effet négociable et commercial, rédigé ordinairement dans le style d'une lettre missive, avec les formes prescrites par la loi pour l'exécution du contrat de change, et par lequel, en échange de la valeur qu'on reçoit dans un lieu, on s'oblige de faire payer ordinairement par un tiers, à qui on en donne le mandat, une somme d'argent équivalente et déterminée dans un autre lieu, et à une époque également déterminée, à celui au nom et à la disposition duquel cet effet est passé, ou à celui qui sera à ses droits, immédiatement ou médiatement (Cours de M. Thieriet).

Le but principal de la lettre de change est de suppléer au numéraire, de le remplacer pour tous achats, ventes et échanges; elle n'est qu'un ordre ou plutôt une espèce de titre susceptible de cession, qu'on appelle mandat de paiement. Il fallait rendre cette cession aussi rapide que possible, afin de hâter la circulation de la lettre de change, et de faciliter ainsi les transactions commerciales.

La propriété de la lettre de change se transmet soit par cession notariée, soit par endossement. Ce dernier mode de transmission opère, lui aussi, transport et a été doté par le législateur de grands priviléges, en ce qu'il dispense l'endossement des formalités du Droit civil, qui ne feraient qu'entraver la marche des affaires commerciales, dont la réussite, le plus souvent, ne dépend que d'une occasion favorable.

L'endossement confère à quelqu'un le droit ou le pouvoir de recevoir ou de poursuivre le paiement d'un effet négociable et de le transmettre soit en son nom, soit au nom du souscripteur de l'endossement.

Dans le premier cas l'endossement est parfait et conforme à la loi : il opère cession. Dans le second, l'endossement est irrégulier et n'opère point de transport. Quoique non conforme à la loi, il n'est cependant pas frappé d'une nullité absolue; il vaudra toujours comme procuration.

C'est de ce dernier endossement qu'il doit être question ici. Afin de définir plus nettement son essence et les effets qu'il produit, qu'il nous soit permis de citer plus en détail les caractères essentiels et la nature de l'endossement régulier.

L'endossement régulier est un acte par lequel le propriétaire ou porteur transporte à l'ordre d'un autre la lettre de change, dans la forme prescrite par la loi, en mandant au tiré d'en payer le montant à ce nouveau porteur ou à celui à l'ordre duquel la lettre de change sera passée par ce dernier.

L'endossement régulier emporte donc transport, et le législateur, par une faveur spéciale, dispense le cessionnaire de le faire signifier au débiteur, ou de le faire accepter par ce dernier, formalités requises pour la validité du transport des créances civiles à l'égard des tiers, et qui doivent être constatées par un acte authentique par l'intermédiaire des officiers publics, ou par acte sous seing privé motivé et sujet à être enregistré. La transmission de la lettre de change s'opère donc sans qu'il soit besoin d'une signification au tiré ou de son acceptation ; la voie simple de l'endossement suffit quand le titre est à ordre.

L'endossement régulier, que nous appellerons simplement endossement, doit être daté, autrement l'on ne saurait si l'endosseur, c'est-à-dire celui qui dispose sur vous, était capable ou non, de le signer à l'époque de sa confection. De cette manière on prévient toute espèce de fraude, surtout de la part des faillis.

Les antidates sont rigoureusement défendues sous peine de faux en écriture de commerce ; mais pour qu'il y ait crime de faux, le fait matériel doit être accompagné d'intention frauduleuse de la part de l'auteur.

La date de l'endossement ne doit pas précisément renfermer le lieu où il a été fait, comme on l'exige pour la date de la lettre de change, où il est urgent de constater la remise de place en place ; néanmoins l'endossement qui sert de complément à la lettre de change doit, par exception, comprendre dans sa date l'époque et le lieu.

L'endossement énonce en outre la valeur fournie et la nature de celle-ci, soit qu'elle ait été reçue en marchandises, en espèces ou autrement. On exige la nature de la valeur, afin de prévenir les moyens d'éluder la loi par des subtilités ; cette condition n'étant pas observée, le contrat de change n'existerait plus. Il y aurait alors contrat de prêt, où le change serait l'intérêt de la somme prêtée, où le tiré serait l'emprunteur et le tireur le prêteur.

Enfin l'endossement doit énoncer le nom de celui à l'ordre de qui il est passé. La loi veut que l'on exprime le nom *à l'ordre de qui*, et non de celui *à qui* on endosse la lettre de change. Ainsi on écrira : Payez à *l'ordre* d'un tel, et non à un tel, autrement la lettre de change perdra son effet négociable ; comme l'expression : payez à l'ordre d'un tel, transmet seule la faculté de transférer, toujours par voie d'endossement, la propriété de la lettre de change à des tiers.

D'après la rédaction primitive de l'article 137 du Code de commerce le nom social et le domicile même devaient être énoncés, lorsque l'endossement était passé au profit d'une société de commerce et l'on exigeait l'énonciation des nom, domicile et profession, s'il l'était au nom d'un seul individu.

Cette disposition trouvait dans son exécution de sérieuses difficultés, dans les grandes villes surtout, où l'on avait peine à trouver le domicile de chacun. Elle fut considérée comme dangereuse même pour celui qui, ayant fourni la valeur, avait négligé de faire exprimer son domicile, et se trouvait ainsi porteur d'un effet nul. Pour ces causes, cette disposition fut abolie, et le nom de celui à qui est fait la cession doit seul être énoncé.

Selon l'avis de M. Daubanton, l'ordre, son contexte et la signature devraient être écrits de la même main. Le Code n'en fait pas mention, et nous croyons que la signature de l'endosseur suffise, que l'endossement soit écrit ou non par toute autre personne, ou même par celui au profit duquel il serait fait, ce qui encore serait fort prudent et empêcherait à ce sujet toute espèce de contestation.

L'endossement qui renferme les trois conditions ci-dessus exprimées est régulier et opère un véritable transport de la lettre de change et des droits qui y sont attachés. Dans le chapitre suivant, il sera parlé de l'endossement irrégulier, de celui, enfin, qui ne vaut que comme mandat.

CHAPITRE II.

De l'endossement irrégulier.

§ 1er. *De son caractère et de sa nature.*

L'endossement irrégulier est celui qui manque de date, ou qui n'énonce point la valeur fournie, ou qui encore ne relate point le nom de celui à l'ordre de qui il est passé. N'étant pas conforme aux dispositions de l'art. 137, cet endossement n'opère pas transport. Il ne peut servir que de procuration, et confère au porteur le droit de négocier la lettre de change, soit régulièrement, soit irrégulièrement, et celui d'en toucher le montant et d'en donner quittance.

L'auteur d'un endossement irrégulier reste propriétaire de l'effet endossé aussi longtemps que le mandataire ne le transmet pas par endossement régulier. Le mandataire est tenu de rendre compte au premier endosseur de l'usage qu'il a fait de la lettre; toutes les charges du mandat pèsent sur lui.

L'endossement irrégulier ne constitue point, à la vérité, une négociation, comme ce terme exprime une cession à titre intéressé, d'où il résulte que, la lettre de change se trouvant assujettie par les lois à quelque formalité fiscale avant d'être négociée, celui qui y apposerait un endossement irrégulier ne serait point obligé de les remplir.

On ne trouve pas dans le Code les termes d'endossement régulier ou irrégulier, mais l'usage les a fait universellement recevoir. L'ancienne jurisprudence appelait ordre l'endossement régulier, c'est-à-dire celui qui opère la cession de l'effet, et donnait le nom d'endossement à celui qui n'est pas daté, et qui ne contient pas le nom de celui qui a payé la valeur en argent, marchandises ou autrement (art. 23, ordonnance de 1673).

§ 2. *Des effets de l'endossement irrégulier entre le porteur et les tiers.*

Le porteur d'un endossement irrégulier a, en vertu de son mandat, le droit de se présenter à l'échéance de la lettre de change pour être payé, et le tiré est, par ce paiement, libéré intégralement, en vertu du principe que le paiement fait au fondé de pouvoir du créancier n'est pas moins valable que s'il était fait à lui-même.

En cas de refus de paiement, le porteur doit protester dans l'intérêt de son mandant.

Le porteur peut, à son tour, faire un nouvel endossement irrégulier, qui ne fera point sortir la lettre de la propriété du premier endosseur irrégulier. Le porteur qui signe un endossement régulier,
n'oblige que le mandant, et ne s'oblige point solidairement avec le
tireur ou les endosseurs.

Les créanciers ne perdent point leurs droits sur une lettre de
change que le débiteur a endossée irrégulièrement; ce dernier, ayant
fourni la valeur, reste propriétaire de la lettre, et celle-ci peut donc
être saisie par les créanciers entre les mains de tous porteurs d'endossements irréguliers; ce qui résulte déjà des dispositions de l'ordonnance de 1673, dont l'art. 25 porte «qu'au cas où l'endossement
n'est pas dans les formes prescrites par la loi, les lettres sont réputées
appartenir à celui qui les aura endossées, et pourront être saisies par
ses créanciers et compensées par les redevables.»

Toutes personnes peuvent exhiber de l'irrégularité d'un endossement, pourvu qu'elles y aient intérêt.

Le mandat cesse pour le porteur par la mort ou la faillite de l'auteur de l'endossement irrégulier, ou par la révocation du mandat,
ou encore par un nouvel endossement.

Lorsque le mandat a été retiré au mandataire, ou que le mandant
a seulement enlevé à ce dernier les pouvoirs de toucher le montant
de la lettre et d'en donner quittance, le mandant doit en prévenir
immédiatement l'accepteur, afin que ce dernier, dans l'ignorance où
il était de la révocation entière ou partielle du mandat, ne se libère
entre les mains du porteur qui a perdu ses droits de toucher.

§ 3. *Des effets de l'endossement irrégulier entre le porteur et celui qui a signé*
l'endossement.

Le porteur ou l'endosseur ne peuvent rien prouver au-delà de ce
qui se trouve dans l'endossement, à l'égard des tiers, c'est-à-dire à
l'égard du tireur, de l'accepteur, etc.; mais il n'en est pas de même

entre eux deux. Ainsi, le contrat de change ne sera point lésé par un endossement irrégulier, fait par inadvertance. Supposons, en effet, que l'auteur de l'endossement irrégulier ait reçu le prix de la lettre de celui au nom duquel il l'a endossée irrégulièrement ; il ne serait pas juste qu'alors ce dernier fût victime d'une inadvertance commise à son préjudice. Le porteur a, dans ce cas, le droit d'opposer à l'auteur de mauvaise foi l'exception de la preuve, que le paiement a été effectué par lui, dans l'intention de devenir propriétaire de la lettre ; il lui faut donc prouver qu'il a voulu attribuer à cet endossement des effets bien différents de ceux que lui confère la loi. Il ne jouit, du reste, d'aucun autre privilége et diffère, sous ce rapport encore, entièrement, quant à sa position, de celui qui a reçu la lettre par un endossement régulier ; ce dernier n'a rien à prouver, et la présomption, qu'il a acquis la propriété de la lettre, milite contre l'endosseur et les tiers.

Au surplus, le porteur qui allègue une cession contre celui qui l'a endossée irrégulièrement, peut exiger la correction de l'endossement, ou la solution du contrat, en se faisant rembourser la lettre, plus les frais.

L'auteur d'un endossement irrégulier tombant en faillite, il est du devoir des syndics d'en avertir aussitôt l'accepteur, afin que ce dernier ne paie plus le montant de la lettre au porteur, dont le mandat cesse immédiatement dans cette circonstance.

§ 4. *De l'endossement en blanc.*

Il est encore une espèce d'endossement, le plus défectueux de tous qu'on a l'habitude de compter parmi les endossements irréguliers, c'est l'endossement en blanc. Celui-ci ne contient qu'une simple signature écrite au bas d'un espace vide, pouvant recevoir l'énonciation d'un endossement, soit régulier, soit irrégulier, sans qu'il soit fait d'autre mention.

L'endossement en blanc vaut comme procuration et se trouve assimilé, quant aux effets qu'il produit, à l'endossement irrégulier.

S'il est vrai, que l'endossement en blanc, connu, du reste, depuis fort longtemps, rend de grands services aux opérations commerciales, à raison du secret qu'il leur conserve, néanmoins, on doit convenir qu'il peut donner lieu à bien des fraudes. La lettre venant à se perdre, par exemple, celui qui la trouve, pourrait suffisamment remplir l'ordre en blanc et toucher la valeur avant qu'on ait pu l'en empêcher, sans même que le propriétaire puisse se plaindre qu'on ait mal payé.

De pareilles considérations décidèrent, sans doute, la Convention nationale, par la loi du 20 vendémiaire an IV, à défendre l'endossement en blanc, sous peine de confiscation des effets et de destitution de l'agent de change qui les négocierait.

Le Code de commerce n'a pas, à vrai dire, abrogé textuellement cette loi; elle ne l'a été que tacitement par le législateur, qui devait bien aussi tolérer l'endossement en blanc, du moment qu'il admettait les effets au porteur et les billets en blanc.

Pour remplir un endossement en blanc, il faut être devenu propriétaire de la lettre par cession; tout autre porteur ne le pourrait sans encourir les peines portées en l'art. 407 du Code pénal, car il commettrait l'abus de blanc-seing.

Vu par nous, président de la thèse, C. AUBRY.

FIN.